이집트 소년 아메스의 재미있는 기하학 이야기

파라오의 정사각형

지은이 안나 체라솔리

안나 체라솔리는 이탈리아에서 오랫동안 고등학교 수학 선생님으로 일했어요. 어린이를 위한 수학 책을 여러 권 펴냈고, 이탈리아뿐 아니라 세계 여러 나라에 널리 알려져 사랑받고 있어요. 우리나라에는 《숫자의 발명》《숫자 1의 모험》《수학 천재는 바로 너!》《놀라운 도형의 세계》등이 소개되었어요. 동화 형식으로 쓰인 안나 체라솔리의 책들을 읽다 보면 재미난 이야기 속에 숨은 수학 개념들을 자연스럽게 배울 수 있어요.

그린이 데지데리아 귀치아르디니

데지데리아 귀치아르디니는 1954년 이탈리아의 피렌체에서 태어났어요. 지금은 밀라노에서 어린이들을 위한 책에 그림을 그리며 살고 있어요. 독특한 색감과 그림으로 이탈리아의 많은 어린이 독자들에게 사랑받고 있어요.

옮긴이 김효정

대학과 대학원에서 이탈리아어를 공부했고 비교문학 박사 과정을 졸업했어요. 지금은 대학에서 강의를 하면서 이탈리아의 책을 우리말로 옮기는 일을 하고 있어요. 옮긴 책으로《수학 천재는 바로 너!》《피노키오》《추억의 학교》《돈 까밀로와 뻬뽀네》등이 있어요.

La Geometria Del Faraone
Text : Anna Cerasoli
Illustrator : Desideria Guicciardini
©2013, Edizioni EL S.r.l., Trieste Italy
All rights reserved

No part of this book may be used or reproduced in any manner whatever without written permission, except in the case of brief quotations embodied in critical articles or reviews.
Korean Translation Copyright©2014 by Bomnamu Publishers, an imprint of Hansmeida Inc.
Published by arrangement with Edizioni EL S.r.l., through BC Agency, Seoul.

이 책의 한국어판 저작권은 BC 에이전시를 통한 저작권자와의 독점 계약으로 봄나무 출판사(한즈미디어㈜)에 있습니다.
신 저작권법에 의해 한국 내에서 보호를 받는 저작물이므로 무단전재와 무단복제를 금합니다.

이집트 소년 아메스의 재미있는 기하학 이야기

파라오의 정사각형

안나 체라솔리 지음 | 데지데리아 귀치아르디니 그림 | 김효정 옮김

2014년 2월 21일 초판 발행 | 2023년 6월 28일 5쇄 발행
펴낸이 김기옥 | **펴낸곳** 봄나무 | **아동 본부장** 박재성
편집 김인애 | **북디자인** 정태균 | **영업** 김선주 | **제작** 김형식 | **지원** 고광현 임민진 이봉주 | **등록** 제313-2004-50호 (2004년 2월 25일)
주소 121-839 서울시 마포구 양화로 11길 13 (서교동, 강원빌딩 5층) | **전화** (02) 325-6694 | **팩스** (02) 707-0198 | **이메일** info@hansmedia.com

도서주문 한즈미디어(주)
주소 121-839 서울시 마포구 양화로 11길 13 (서교동, 강원빌딩 5층) | **전화** (02) 707-0337 | **팩스** (02) 707-0198

ISBN 979-11-5613-003-1 73410

* 이 책 내용의 일부 또는 전부를 재사용하려면 반드시 저작권자와 봄나무 양측의 동의를 얻어야 합니다.
* 책값은 뒤표지에 나와 있습니다.

이집트 소년 아메스의 재미있는 기하학 이야기

파라오의 정사각형

안나 체라솔리 지음 | 데지데리아 귀치아르디니 그림 | 김효정 옮김

Bomnamu Publishers

지은이의 말

사랑하는 한국 어린이 여러분, 반갑습니다

이제는 우리가 정말 친구 같아요. 나는 친구로서 여러분에게 이 책을 통해 새로운 모험을 떠나라고 말해 주고 싶어요. 바로 기하학의 탄생을 찾아가는 모험 말이에요. 어린 시절 선생님께 기하학 얘기를 들었을 때, 나는 기하학에 푹 빠졌어요. 기하학의 역사는 길어요. 기하학은 인간이 유목민 생활을 하다가 농사를 짓고, 강가를 따라 정착하면서 집과 상점을 짓고, 채소밭 울타리를 만들면서 시작되었어요.

이 위대한 기하학의 모험이 처음 시작된 곳이 이집트예요. 홍수 때문에 나일 강이 넘쳐서 강가에 있던 채소밭의 경계선이 지워졌어요. 그래서 최초의 기하학자들이 나서야 했어요. 그들은 바로 '밧줄을 당기는 사람들'이었어요. 그들은 밧줄로 뛰어난

능력을 보여 주었어요. 밧줄로 모든 것을 제자리로 돌려놓았답니다.
이 책에서는 여러분 또래의 어린이가 밧줄의 기술을 이야기하고
있어요. 동생들과 함께 정사각형을 만드는 어려운 문제와 씨름하고
있지요. 어린이 여러분은, '에이, 그게 뭐가 어려워요? 엄살도
심하네!'하고 말하겠지요? 하지만 여러분도 자나 직각자 없이
정사각형을 한 번 만들어 봐요! 결코 쉬운 일은 아닐 거예요.
    이 책도 여러분 마음에 들면 좋겠어요. 그래서 이 책을
읽고 여러분이 반짝반짝 진주처럼 빛나는 유클리드의 기하학을
공부하면 참 좋겠어요.

- 이탈리아에서 안나 체라솔리

　　내 이름은 아메스. 나는 다행히도 같이 놀 수 있는 여동생 2명과 남동생 1명이 있답니다. 각각 네페르티티, 네페르타리 그리고 아모세예요.

　　우리 도케트 선생님은 율법학자예요. 선생님이 숙제를 내주셔서 내가 이렇게 글을 쓰고 있답니다. 숙제는 '내 인생의 중요한 사건 말하기'예요. 선생님들은 모두 다 똑같아요!
절대 "즐겁게 놀아라." 하고 말씀하시는 법이 없으니까요.

　　나는 파피루스 한 장을 얻었어요(도케트 선생님 것을 슬쩍했지요). 이제 내게 일어났던 정말 믿을 수 없는 사건을 이야기할게요. 아직 어린 소년이었던 내가 파라오께서 주신 최고의 선물을 받았던 일이에요. 선물은 바로 황금 풍뎅이였어요.

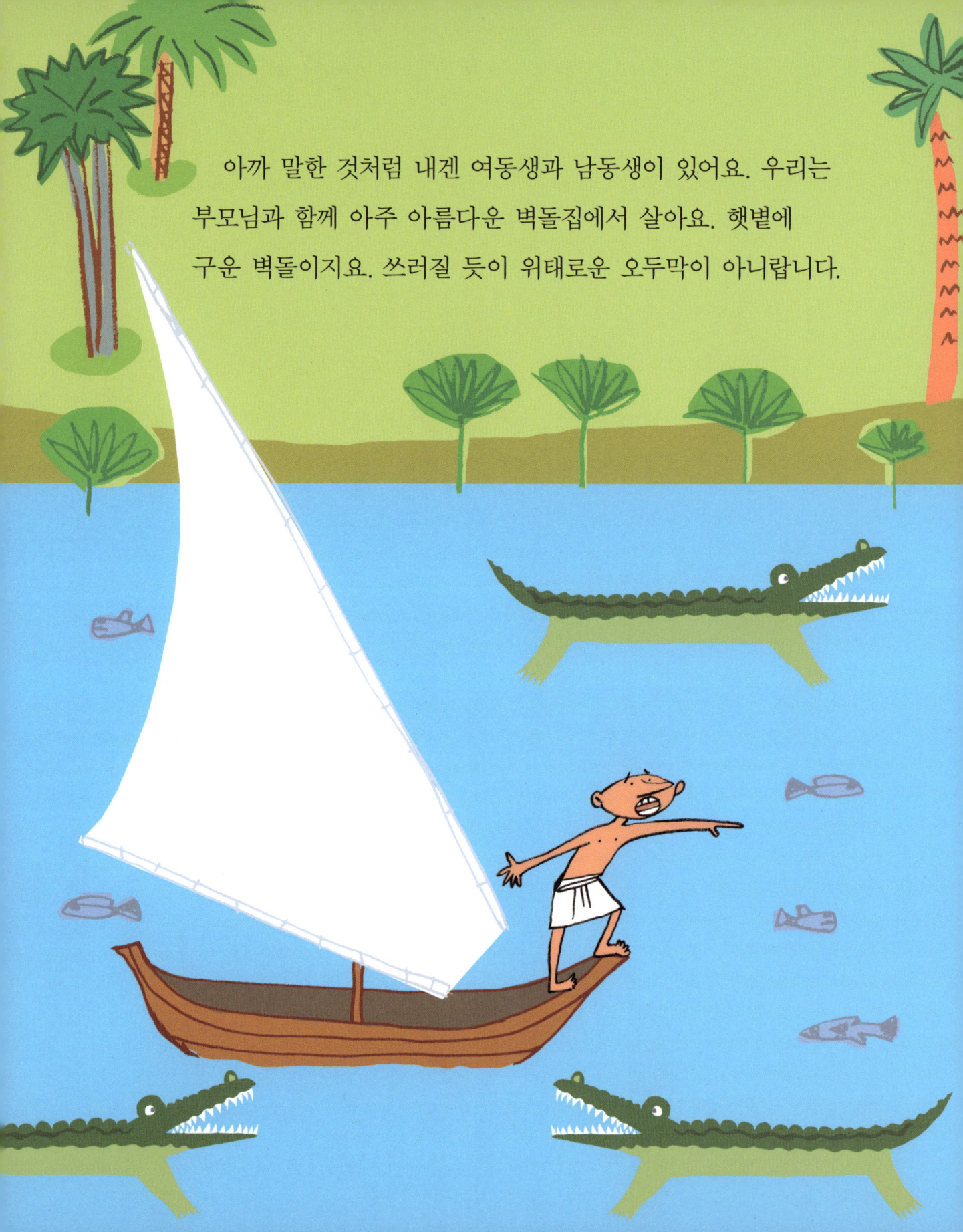

아까 말한 것처럼 내겐 여동생과 남동생이 있어요. 우리는 부모님과 함께 아주 아름다운 벽돌집에서 살아요. 햇볕에 구운 벽돌이지요. 쓰러질 듯이 위태로운 오두막이 아니랍니다.

창문 너머로는 큰 강이 보이는데, 악어들이 우글우글 하답니다.
포악하기 이를 데 없지요! 커다란 입에 뾰족한 이빨이 다닥다닥······
그래서 돛단배마다 수시로 악어를 감시하는 악어 감시자가 있어요.
혹시 알아요? 나도 나중에 커서 악어 감시자가 될지 말이에요!
나는 단 한 마리도 놓치지 않을 거예요. 아메스가 약속해요.

　그때 우리 아버지는 파라오의 도시, 테베(고대 이집트 제국의 수도-옮긴이)에 가셨어요. 우린 아버지를 기다렸어요. 멋진 선물이 갈대로 만든 가방에서 마치 마술처럼 튀어나오는 상상을 하면서요. 지난번에는 이제껏 중에 가장 멋진 선물을 주셨어요. 나무 고양이였는데, 입을 벌리기도 하고 다물기도 한다고요! 우린 고양이를 보자마자 서로 갖겠다고 싸웠어요.

하지만 나중에는 모두 함께 마당의 쥐들을 놀래 주며 신 나게 놀았어요. 쥐들이 수염을 흩날리며 여기저기 어찌나 잘 뛰어다니던지! 어떤 쥐는 놀라서 도망가다가 그만 우리 집 진짜 고양이 펠릭스의 발톱을 향해 곧장 달려갔지 뭐예요!

돛단배에서는 날마다 상인들과 베 짜는 사람들과 옹기장이들이 내렸어요. 모두 테베의 큰 시장에 다녀오는 길이었지요. 그런데 우리 아버지는 오시지 않았어요. 그래서 우린 생각했어요. 파라오께서 잔치를 열어 주기 위해 우리 아버지를 붙잡고 있는 거라고 말이에요. 왜냐하면 우리 아버지는 이집트에서 제일 훌륭한 '밧줄 당기는 사람'이거든요.

우리 아버지는 조수들인 푸니스와 라피스가 밧줄을 잡아당기는 동안 일직선을 똑바로 그을 수 있어요. 누구라도 우리 집처럼 아름다운 집을 짓고 싶다면, 똑바른 선이 있어야 해요. 아니면

우리 아버지가 말씀하신 것처럼 **직선**이 있어야겠죠.
　나와 동생들은 근사한 선물을 기다리는 동안 서로 위로해 주었어요. 그러고는 친구들에게 깃발 잡기 게임을 하자고 했어요. 우리는 아버지가 일할 때 쓰는 밧줄을 가져다가 모래 위에 멋진 선을 그렸어요.

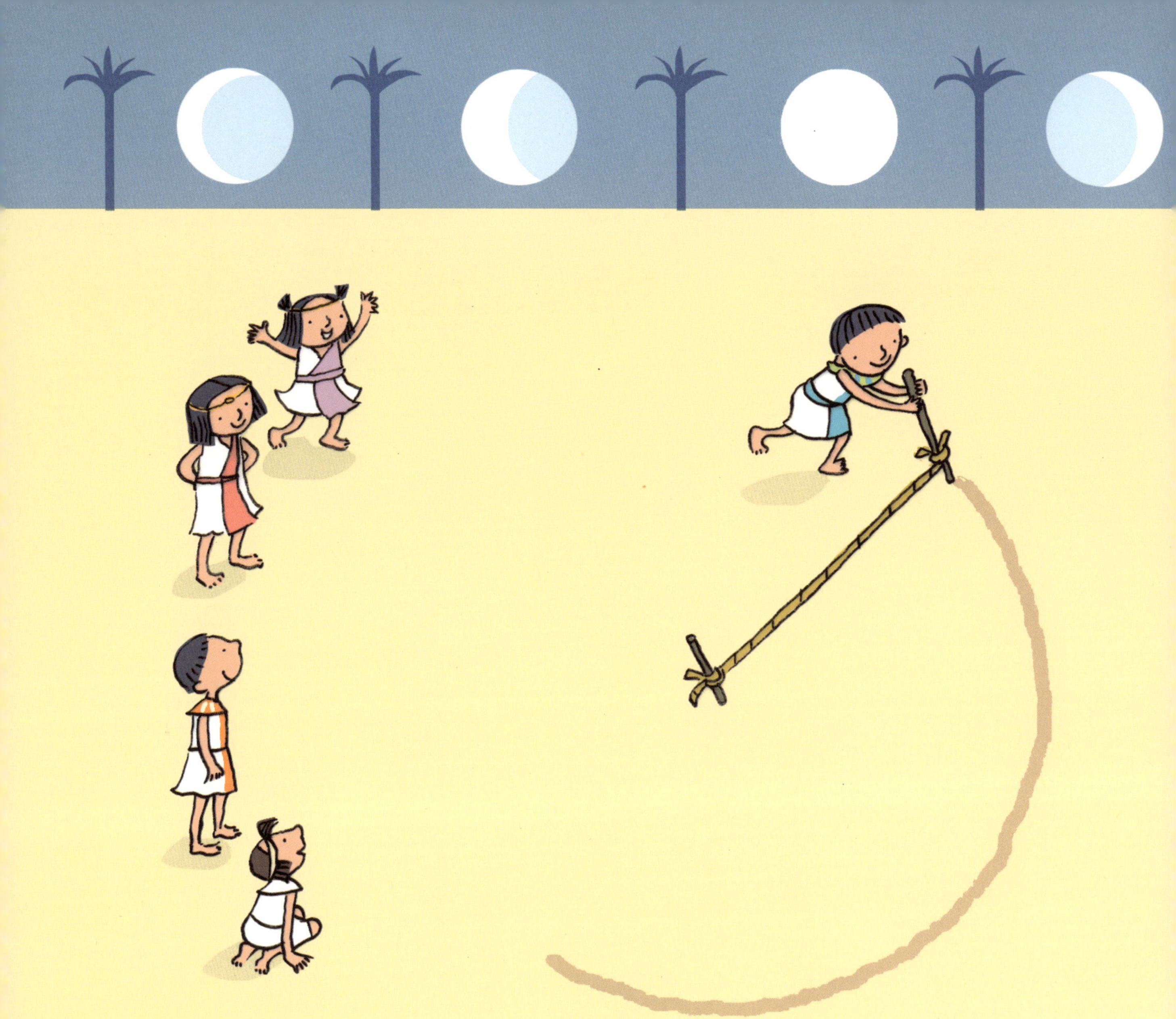

그 선은 태양이나 달의 둘레와 같았어요. 또 내가 물고기들을 겁주려고 저수지에 돌멩이를 던질 때 생기는 작은 파문의 모양과도 같았어요.

이 선은 아주 특별해요. 우리가 선 위에 서면 우리 모두 깃발에서 똑같은 거리를 유지하게 되니까요. 그럼 우리는 싸우지 않고 깃발 잡기 놀이를 할 수 있지요.

17

그래서 우리는 그 선을 '싸움 없는 선'이라고 불렀는데, 다른 사람들은 모두 **원주**라고 부른대요. 나는 달리기가 엄청 빠르기 때문에 이 놀이를 아주 잘한답니다! 도마뱀보다 빨라요!

하루하루 지나갔지만, 아버지로부터 소식이 없었어요. 엄마도 걱정하셨어요.

게다가 일이 더욱 복잡해졌어요. 큰 강이 점점 커지는 거예요. 물은 점점 불어나고, 또 불어나고, 또 불어났어요. 물이 강바닥에서 넘쳐 나와 들판 전체에 밀려들고 있었어요.

해마다 가을이 되면 있는 일!

우리 어린이들은 강물이 불어나는 게 싫어요. 강변에 나가 놀 수도 없고, 물싸움도 할 수 없고, 물을 마시거나 맛 좋은 가재를 잡으러 가는 따오기를 쫓아갈 수도 없기 때문이에요.

반대로 농부들은 아주 좋아해요. 강물이 넘치면 땅이 더욱 비옥해져서 더 많은 야채를 얻으니까요. 그러니 큰 강을 나쁘게 말하면 큰일 나요. 아주 무서운 벌을 받을지도 모르거든요! 꼭 명심해요.

그런데 어느 날 아침, 잠에서 깨어 보니 채소밭이 전부 시커먼 물에 잠겨 있지 뭐예요? 물고기들이 여기저기서 튀어 올라 깊은 강바닥을 찾고 있었어요. 다시 고요한 물속에서 수영하기 위해서였지요.

사람들은 아무것도 모르고 있었어요! 우리 아버지에 대한 소식도 전혀 모르고요.
'혹시 아버지가 탄 배가 난파되었나. 어쩌면 악어 밥이 되었을지도……'

　머릿속에 어찌나 많은 불길한 생각들이 떠오르던지! 하루하루가 슬픈 날이었어요. 우린 나무 고양이를 봐도 하나도 즐겁지 않았어요. 나는 장남인 내가 아버지를 찾으러 가야 한다고 생각했어요. 그래서 강물이 다시 제자리로 돌아가 고요하게 흘러가기만을 기다렸지요.

　계속될 것만 같던 비오는 날이 지나가고 드디어 강변이 다시 나타났어요. 큰 강이 제 길을 찾으면서 모든 물을 다시 불러들인 거예요. 이제 나와 동생들은 떠나기로 결심을 했어요.

　그런데 어떻게 하죠? 테베까지 물길을 거슬러 올라가려면 배가 있어야 하는데 어디에서 배를 구하죠?

"나짐 아저씨가 도와주실 수도 있잖아."
내가 동생들에게 말했어요.
"얼굴에 주름이 자글자글하고, 코가 긴 우리 이웃집 아저씨 말이야. 나짐 아저씨는 가벼워서 노를 젓기에도 편한 배를 가지고 있대. 그런 배라면 우리처럼 경험이 없는 어린이들에게도 좋을걸! 나짐 아저씨, 나짐 아저씨, 어디 계세요?"

우리가 아저씨를 찾아갔을 때 아저씨는 채소밭 울타리를 고치느라 머리를 쥐어뜯고 있었어요. 아저씨는 아무리 애를 써도 멋진 직선을 만들 수가 없었대요.

아저씨는 우리를 보자 반가운 표정을 지었어요.

"얘들아, 이리 와서 아저씨 좀 도와주렴. 줄을 가져와 너희 아버지가 했던 것처럼 꽉 잡아 줘."

맞아요. 우리 아버지의 직업이 바로 그거랍니다. 해마다 가을이 돼서 물이 빠지면, 아버지와 푸니스, 라피스는 밧줄을 어깨에 둘러메고 떠났어요. 강변의 채소밭 경계선을 다시 만들기 위해서 말이죠. 그래야

채소밭 주인들이 서로 싸우는 걸 피할 수가 있었어요.

"이 땅은 내 거야!"

"아니야, 내 거야! 내 말이 거짓말이면 아몬라 신(테베의 태양신-옮긴이)께서 장수말벌 떼를 보내실걸. 내 대머리를 콕콕 찔러 대라고 말이야."

하지만 우리 남매는 '밧줄 당기는 사람'이 아니었어요! 우리는 간신히 직선 하나만 그릴 줄 아는데 말이에요.

우리 아버지는 《나일 강 변의 기하학》이라는 안내서를 쓰셨지만 우리는 그 책에 나오는 것처럼 복잡한 모양은 그릴 수가 없었답니다. 하지만 나짐 아저씨는 뜻을 굽히지 않았어요.
"채소밭 경계선을 못 그리면, 돛단배도 못 빌려 줘."
우아, 완전 고집불통 아저씨!

나는 동생들을 불렀어요. 동생들은 메뚜기를 잡고 있었어요. 불에 바삭하게 구워 꿀을 발라 먹으려고 말이에요.

우린 같이 책에 나온 모든 도형에 대해서 공부했어요. 공부를 하고 나니 확실하게 알 수 있었어요. 나짐 아저씨의 채소밭은 '파라오께서 명령하신 대로 네모꼴'이 되어야 했어요. 그런데 파라오께서 명령한다는 게 무슨 말일까요?

파라오는 아주 정확한 분이라 모든 것이 항상 똑같기를 바라신답니다. 그래서 채소밭의 변은 **동일한 네 개의 선**이 되어야 했어요.

그래서 우리는 크기가 똑같은 밧줄 4개를 가져와 차례로 묶었어요. 네페르티티와 네페르타리가 서로 마주 보고 줄을 잡아당기고, 아모스와 내가 마주 보고 다른 두 쪽을 잡아당겼어요. 나짐 아저씨는 걱정스러운 얼굴로 지켜보셨어요. 고집불통 아저씨! 우리는 밧줄을 팽팽하게 잡았어요. 드디어 내가 옆에 그려 놓은 것처럼 울타리 모양이 나왔어요. 그런데 그것을 본 나짐 아저씨는 또다시 머리카락을 쥐어뜯으며 고래고래 소리쳤어요.

"아니야, 내 채소밭은 이런 모양이 아니라고! 아무짝에도 쓸모없는 녀석들! 너희 아버지가 불쌍하다. 좀 봐라. 이쪽 각에는 엄청 크고 멋진 야자수도 심겠지만, 저쪽 각에는 꽃양배추 한 포기도 못 심겠다. 4개의 각은 파라오께서 명령하신 대로 되어야 한다고 했잖니. 모두 똑같아야 한다고! 아몬라 님이시여, 저 아이들을 깨우치소서!"

우리는 얼른 작은 각을 크게 했어요.

여동생들이 서로 앞으로 다가가고, 나와 남동생은 뒤로 갔어요. 그런데 우리가 좀 많이 움직였나 봐요. 그렇게 하니 다른 두 각이 너무 작아지는 것 아니겠어요?

나짐 아저씨는 또 고래고래 고함을 질렀어요.

"내 채소밭은 이런 모양이 아니야. 내 채소밭은 모든 게 규칙적이었어. 내 채소밭은 **정사각형**이었어. 정확하고 또 정확한 정-사-각-형! 너희 아버지의 바구니를 찾아봐라. 틀림없이 마법의 줄이 있을 거다. 눈 깜짝할 사이에 모양이 정확하게 똑같은 각을 만들어 내는 마법의 줄 말이다."

사실 우리 아버지 바구니에는 색색의 예쁜 줄이 있었어요. 너무 귀한 줄이라 아버지가 절대 만지지 말라고 하셨는데…… 바로 이것이에요.

이 줄에는 간격이 동일한 12개의 매듭이 있어요. 이 줄의 이름은 '직각자 줄'이에요. 말뚝 3개로 줄을 고정하기만 하면 돼요. 우리가 만들고 싶은 게 바로 파란색 변과 빨간색 변이 만나는 각이에요. 우리 아버지는 그것을 **직각**이라고 불러요.

그런데 정말 멋진 일은 지금부터랍니다. 우리는 직각자 줄로 채소밭에서 훌륭한 직각을 만들었답니다.

그리고 그 직각을 하나의 매듭 사이에 두고 곧장 4개의 매듭을 모두 잡아당기자, 다른 3개의 각도 직각이 되었어요. 그건 정말이 마법 같았어요! 진짜 놀라웠지요! 순식간에 채소밭에 4변의 길이와 4각의 크기가 똑같은 정사각형이 생겼지 뭐예요! 최고로 멋진 모양이었어요.

"우리가 만든 정사각형 만세!"
우리는 한 목소리로 소리쳤어요.
아직 너무 어려서 말도 잘 못하는 네페르타리가 말했어요.
"우리 정사가형 만세, 우리 정사가형 만세!"

우린 그 말이 너무 웃겼어요.

매우 만족한 나짐 아저씨는 우리가 그려 놓은 경계선에 울타리를 만들기 시작했어요. 돛단배를 빌려 주실 때는 끝도 없이 잔소리를 하셨지만.

"조심해서 타라, 경솔하게 굴지 말고……."

잔소리꾼 아저씨!

나짐 아저씨의 채소밭을 본 다른 농부들이 우리에게 달려 왔어요. 똑같은 모양의 채소밭을 만들어 달라고 말이에요.

"대추야자랑 꿀을 많이 줄게. 가지 말고 줄 좀 당겨 주렴!"

하지만 우리는 아주 중요한 숙제를 해야 했어요!

험난했던 우리의 여행을 말하는 게 무슨 소용이 있겠어요. 딱 세 단어만 말할게요(빨리 숙제를 끝내고 싶어서 그런 게 아니랍니다). 폭풍우, 번개, 악어.

나는 내 여동생 네페르티티의 용감한 행동만 말해야겠어요.
어마어마하게 큰 악어의 입에 네페르티티가 지팡이를 끼워
넣었거든요. 악어는 입을 다물지 못해서 입 안이 바싹 말랐어요.
혹시 알아요? 나중에 커서 나는 악어 감시자가 되고,
네페르티티는 악어 조련사가 될지!

어찌어찌하여 우리는 테베에 도착했어요.

우리 아버지, 위대한 임호테프(최초의 피라미드를 세운 이집트의 건축가-옮긴이)가 새 피라미드 공사를 지휘하고 계셨어요. 밧줄을 잘 잡아당기는 유명한 사람들이 많았지만, 우리 아버지가 뽑힌 거예요. 정사각형 모양의 커다란 토대를 그리기 위해서였지요. 우리는 때마침 가장 중요한 순간에 도착한 거예요.

피라미드를 세우려면 우선 피라미드의 꼭대기를 세울 수 있는 정확한 점을 찾아야 했어요.

모든 사람들이 숨죽인 채 그 힘든 작업을 지켜보고 있었어요. 어떤 아기가 칭얼거리자 아기 아빠가 아기의 입을 막았고, 어떤 사람은 아몬라 님께 기도를 했어요. 마침내 우리 아버지는 조수들에게 정사각형 안에 특별한 2개의 선을 그리라고 명령했어요. 2개의 선은 정사각형의 중심에서 아름답게 만났어요. 바로 그 지점에서 피라미드의 꼭대기를 세워야 했어요.

모두가 한 목소리로 외쳤어요.

"임호테프 만세, 위대한 임호테프!"

아버지는 우리를 보자마자 달려와 반겨 주시더니 엄마 소식부터 물었어요.

아버지는 우리를 파라오께 데려갔어요.
위대한 세누스레트(이집트 제12왕조의 파라오-옮긴이)께서 우리를
위아래로 살펴보셨어요. 하지만 우리가 어떻게 해서 거기까지 오게
되었는지 물으셨을 때는 친절하셨어요.

내가 이야기를 했어요. 강이 범람한 이야기며 망가진
채소밭과 채소밭의 울타리를 다시 만든 이야기를 했어요. 모든
파라오들 중 가장 위엄 있는, 위대한 세누스레트께서 내가 용기
있게 이야기하는 것을 보시더니 감동을 받으시고는 이렇게
명령하셨어요.

"파라오가 명령한 대로 사각형을 만든 이 아이들에게 황금
풍뎅이를 선물로 주노라."

그렇게 해서 최고의 선물을 받게 된 거예요.

이 세상에서 제일 값진, 정말 아름다운 이 보석은 지금 우리
엄마가 걸고 계셔요. 테베를 떠나 집에 도착해서 엄마를
다시 만난 게 너무나 기뻐서 선물로 드렸거든요.

나의 이야기는 여기까지예요. 지금까지 한 이야기 중에서 잘못된 것이 없었으면 좋겠어요. 이제 나는 동생들과 놀러 가야겠어요. 내일 도케트 선생님이 점수를 잘 주시면 좋겠어요.

아메스

– "얘들아, 아메스가 얼마나 용감한지 봤지? 아메스는 거의 4천 년 전에 살았어. 그때부터 사람들은 기하학을 공부하기 시작했지."

- "나도 고대 이집트에서 태어났다면 틀림없이 아메스와 친구가 되었을 거예요. 악어들이 그렇게 돌아다니는데 아메스는 용감하기도 해요."

- "아마 도케트 선생님께서 만점을 주셨을 거예요. 주제도 아주 좋고, 내용도 길고, 그림도 많잖아요! 저도 그 주제라면 세 장 정도는 쓸걸요."

- "선생님, 그런데 왜 그 당시에는 정사각형을 그릴 줄 몰랐어요? 아주 쉬운데……."

- "그렇지 않아. 그 당시에 정사각형을 생각하는 건 결코 쉬운 일이 아니었어. 우린 지금 많은 정사각형을 보지만, 그때에는 정사각형이 단 한 개도 없었단다. 눈을 감고 너희가 아직도 동굴에 사는 원시인이 되었다고 상상해 봐. 주위에 정사각형이 보이니?"

- "음…… 아니요, 정말 없어요. 맞아요, 선생님. 사람들이 지은 건물이 없으니, 정사각형도 없어요."

- "하지만 원은 있어요. 해나 달을 보면 되잖아요."

– "그래서 아메스 남매들이 황금 풍뎅이를 선물로 받은 거란다. 정사각형을 그린 건 정말 천재적인 시도였어! 더구나 줄만 사용해서!

당시에는 줄이 자, 컴퍼스, 직각자를 대신했지. 모두 너희들이 책가방에 넣고 다니는 제도기들이잖아. 그래서 그 당시에는 측량사들을 '줄을 잡아당기는 사람'이라고 한 거야. 그러니까 우리가 '선을 그린다'고 하는 건 '줄을 당긴다'라고 말하는 것과 같은 거지."

– "선생님, 지금은 정사각형이 너무 많아요. 직사각형도 있어요. 결국 정사각형과 직사각형은 많이 닮았고요."

- "그래. 정사각형은 특별한 직사각형이나 다름없어. 모든 변의 길이가 동일한 직사각형인 셈이지."

- "나짐 아저씨는 정말 너무해요! 아이들은 아저씨를 도와주려고 한 건데…… 그렇게 소리를 지르면 안 되죠.

아이들은 최선을 다했지만, 직각을 만들기 위한 직각자 줄이 없으니 자꾸 납작한 사각형이 된 거였어요."

- "네가 말한 '납작한 사각형'이라는 건 '마름모'라고 한단다."

- "선생님, 그런데 마름모도 정사각형이랑 닮았어요. 변의 길이가 모두 똑같잖아요."

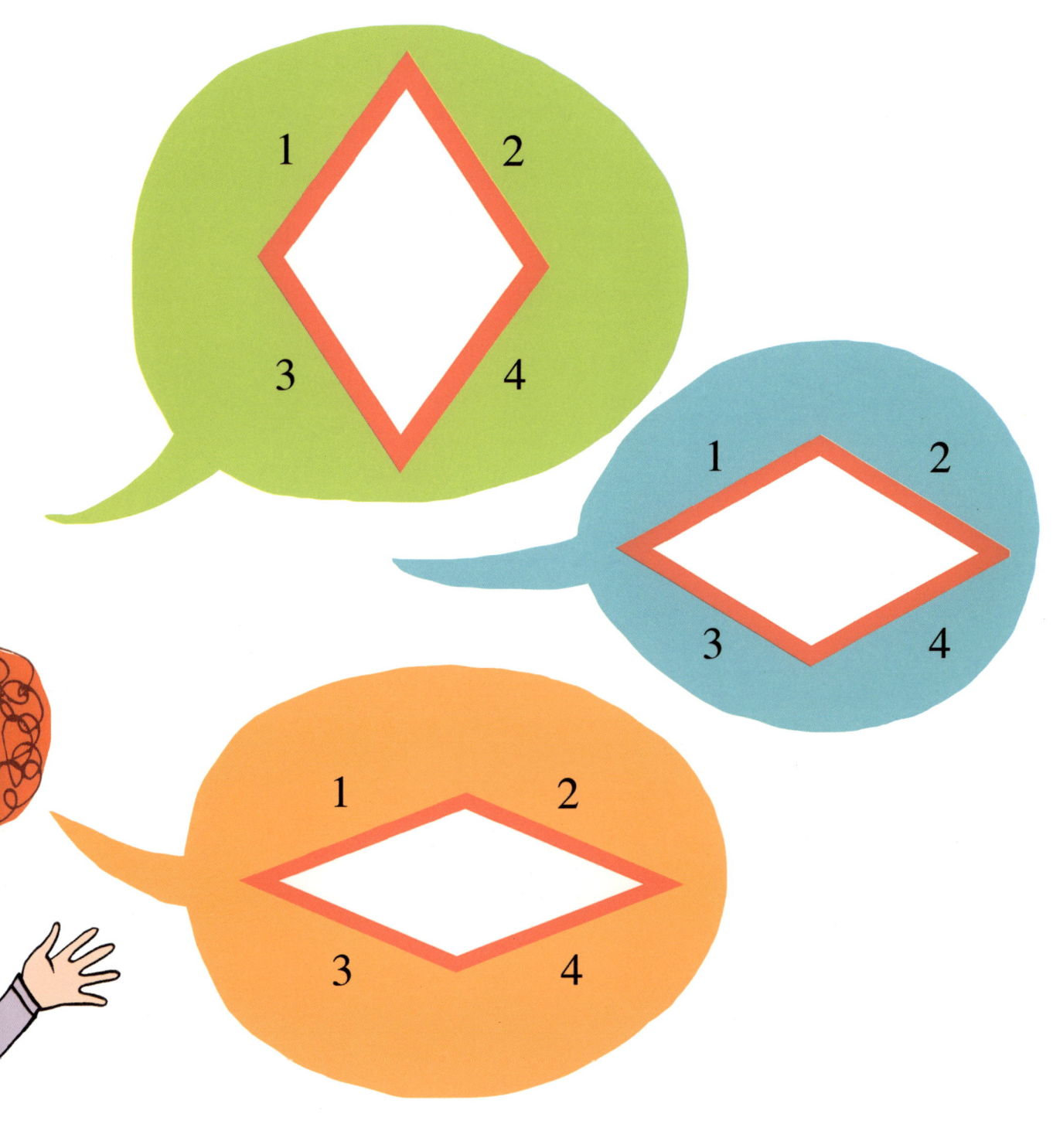

- "물론이야. 정말 좋은 생각을 했구나. 정사각형은 조금 특별한 마름모란다. 그러니까 네 각이 모두 직각인 마름모인 셈이지. 다시 말해, 정사각형은 직사각형이기도 하고 마름모이기도 해.

　외가를 닮아 머리는 곱슬머리고, 친가를 닮아 머리카락 색은 빨간색인 너처럼 말이야. 정사각형도 직사각형 가족이기 때문에 각이 직각이고, 또 마름모 가족도 되기 때문에 4변의 길이가 똑같은 거야. 알겠니?"

 - "네!"

- "이제 이집트의 어린이 친구들에게 박수 한 번 쳐 주자. 우리도 내일 학교 운동장에서 그 친구들처럼 멋진 정사각형 화단을 만들어 보자꾸나."

기하학의 탄생 이야기

　세계 4대 문명의 하나인 이집트 문명은 나일 강 유역에서 발생했어요. 나일 강은 세계에서 두 번째로 긴 강이기도 해요.
　그런데 나일 강은 해마다 강 상류 지역의 눈이 녹을 무렵이면, 엄청난 양의 물을 내려보내 하류 지역을 범람시키지 뭐예요. 나일 강이 넘치면 상류 지역의 비옥한 흙이 하류 지역으로 운반돼 쌓이면서 농사에 도움이 되기도 했지만, 채소밭 같은 농토의 구분선을 지워 버리기 일쑤였어요. 그래서 고대 이집트 인들은 나일 강의 범람으로 없어진 농토의 구분선을 해결하기 위해 땅을 재고 공간을 만들기 시작했어요. 바로 거기에서 기하학이 탄생했답니다!

듣기만 해도 어려운 기하학이 우리 일상생활의 불편을 해소하려는 노력에서 출발했다니 참 재미있지 않나요?

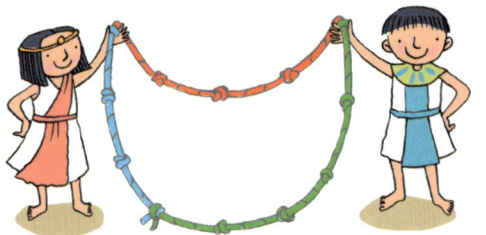